D0803423

Índice

Educational Media
rourkeeducationalmedia.com

¿Puedes encontrar estas palabras?

clima

inclina

Sol

Tierra

¿Qué es una estación?

Muchos lugares en la **Tierra** tienen cuatro estaciones.

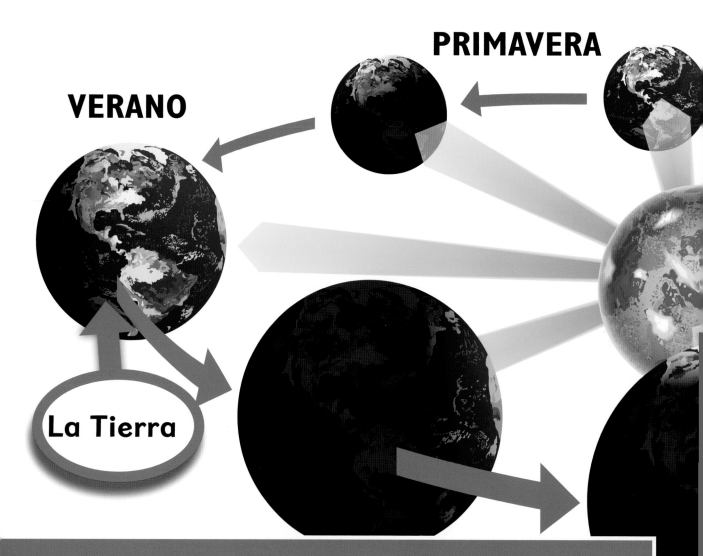

VERANO

PRIMAVERA

La Tierra

Las estaciones cambian a medida que la Tierra gira alrededor del **Sol**.

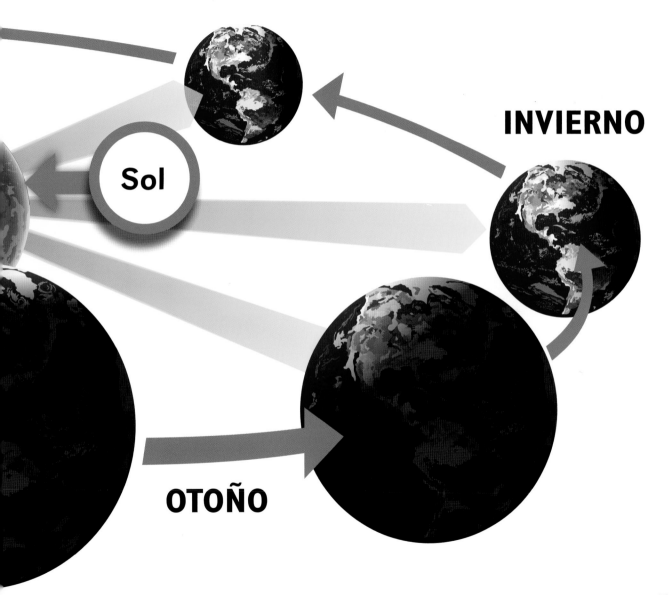

INVIERNO

Sol

OTOÑO

En invierno, una parte de la Tierra se **inclina** lejos del Sol.

El **clima** es frío.

El clima cambia en la primavera.

Se siente más cálido.

En verano, una parte de la Tierra se inclina hacia el Sol.

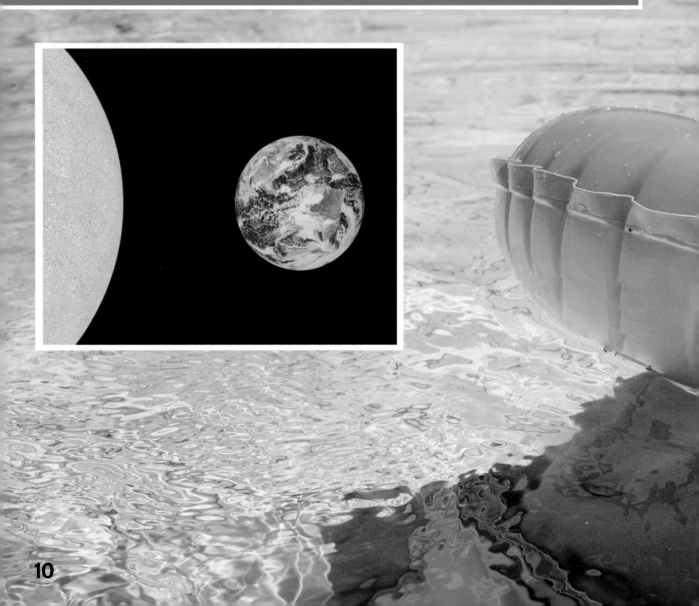

El clima es caliente.

En otoño, el clima cambia de nuevo.

Se siente más frío.

¿Encontraste estas palabras?

El **clima** es frío.

En invierno, una parte de la Tierra se **inclina** lejos del Sol.

Las estaciones cambian a medida que la Tierra gira alrededor del **Sol**.

Muchos lugares en la **Tierra** tienen cuatro estaciones.

Glosario fotográfico

 **clima:** condición del aire exterior.

 **inclina:** se va hacia un lado.

 **Sol:** estrella alrededor de la cual giran la Tierra y otros planetas. Nos da luz y calor.

 **Tierra:** El planeta en el que vivimos. La Tierra es el tercer planeta más cerca del Sol, y está entre Venus y Marte.

Índice analítico

Sobre la autora

Lisa K. Schnell escribe libros para niños. También le gusta bailar, hacer arte y pasar tiempo al aire libre en cada estación.

© 2019 Rourke Educational Media

www.rourkeeducationalmedia.com

PHOTO CREDITS: Cover: ©AnikaSalsera; p.2,14,15: ©FrankRamspott; p.2,4-5,14,15: ©Natee Jittammachai; p.2,6,10,14,15: Courtesy of NASA; p.2,6-7,14,15: ©DenisTargneyJr; p.3: ©Jenny Sturm; p.8-9: ©SusaZoom; p.10-11: ©golero; p.12-13: ©monkeybusinessimages

Edición: Keli Sipperley
Diseño de la tapa: Kathy Walsh
Diseño interior: Rhea Magaro-Wallace
Traducción: Santiago Ochoa
Edición en español: Base Tres

Library of Congress PCN Data
¿Qué es una estación? / Lisa K. Schnell
(Mi mundo)
ISBN (hard cover - spanish)(alk. paper) 978-1-64156-925-5
ISBN (soft cover - spanish) 978-1-64156-949-1
ISBN (e-Book - spanish) 978-1-64156-973-6
ISBN (hard cover - english)(alk. paper) 978-1-64156-165-5
ISBN (soft cover - english) 978-1-64156-221-8
ISBN (e-Book - english) 978-1-64156-275-1
Library of Congress Control Number: 2018955979

Printed in the United States of America, North Mankato, Minnesota